POURQUOI COURS-TU?

Isabelle Bernier

Pourquoi cours-tu?

Isabelle Bernier

isabellebernierconnexion@gmail.com

Illustrations : Isabelle Bernier

Dépôt légal – Bibliothèque et archives nationale du Québec, 2017

ISBN : 978-2-9816809-4-5

Magog, Québec

POURQUOI COURS-TU?

Isabelle Bernier

À toi qui avance, à ton rythme. J'admire ton courage et ta persévérance.

C'est quoi la course?

La question semble facile. Elle l'est un peu, c'est vrai, mais comme tout le monde ne pratique pas ce sport, je me suis dit qu'il y avait certainement quelques informations à partager à ce sujet.

La **course**, c'est comme une grosse balade, un peu plus rapide que si tu marchais et un peu plus lente que si tu étais à vélo ou à pied.

Généralement, on apprend à marcher, puis à **courir** quand on est tout petit, quand on a la chance d'avoir deux belles jambes en santé et en forme.

Courir, c'est donc adopter un rythme qui te permet d'avancer à une vitesse qui convient à ton cœur et à ta respiration.

Ta fréquence cardiaque et le travail de tes poumons y jouent un rôle.

On peut courir de toutes sortes de façons : plus ou moins rapidement, les genoux hauts, en montant ou en descendant, en faisant des grimaces ou en souriant, etc.

Certains coureurs se positionnent d'une manière particulière, en fonction du type de course qu'ils pratiquent. On appelle ça la technique.

Une technique, ça se développe, alors ne t'inquiète pas si tu ne **cours** pas exactement comme tu te l'imagines. Avec la pratique, le temps et les conseils de personnes expérimentées, tu y arriveras.

Il existe beaucoup d'images, de vidéos, de films, de livres aussi sur le sujet de la **course**. Et il y a de plus en plus de gens qui s'y adonnent. On peut découvrir toutes sortes de trucs et de perceptions à ce sujet. Ça dépend donc de l'expérience de chacun et de chacune!

Des **coureurs**, on en voit dans les rues, dans les sentiers, en montagne et dans les gymnases.

Tu as certainement croisé quelques-uns d'entre eux.

Des **coureurs**, il y en a de tous les âges et de tous les genres; ça crée de beaux rassemblements de gens qui **aiment** bouger.

Des gens qui aiment bouger

Qu'est-ce que ça t'apporte?

À propos d'aimer bouger, courir peut donner une motivation pour prendre soin de soi. Pour se sentir en santé aussi.

En voici quelques exemples:

- On peut courir pour se déplacer – certaines personnes vont au travail ou à leurs activités en courant.

- On peut courir pour s'entrainer. Tu peux choisir de pratiquer ce sport pour le plaisir, tout en ayant un but et en te préparant, peut-être pour une compétition à venir.

Même si tu n'en fais pas ton métier, tu apprendras beaucoup.

On peut **courir** parce qu'on ressent le besoin de « dépenser de l'énergie », de laisser sortir un peu la vapeur (les émotions fortes) ou l'**excitation** ou encore la **joie** qui nous anime.

On peut **courir** juste parce qu'on en a envie, parce que l'idée nous est passée par la tête.

On peut **courir** parce qu'on aime vraiment, vraiment ça et qu'on y pense souvent ou souvent, souvent ou presque tout le temps.

On peut **courir** parce que ça nous permet de méditer – de nous sentir calme.

On peut **courir** pour performer, c'est-à-dire obtenir un résultat qui te plait.

On peut **courir** pour une cause qui nous tient à cœur.

On peut **courir** enfin pour bien d'autres raisons!

On court parce que...

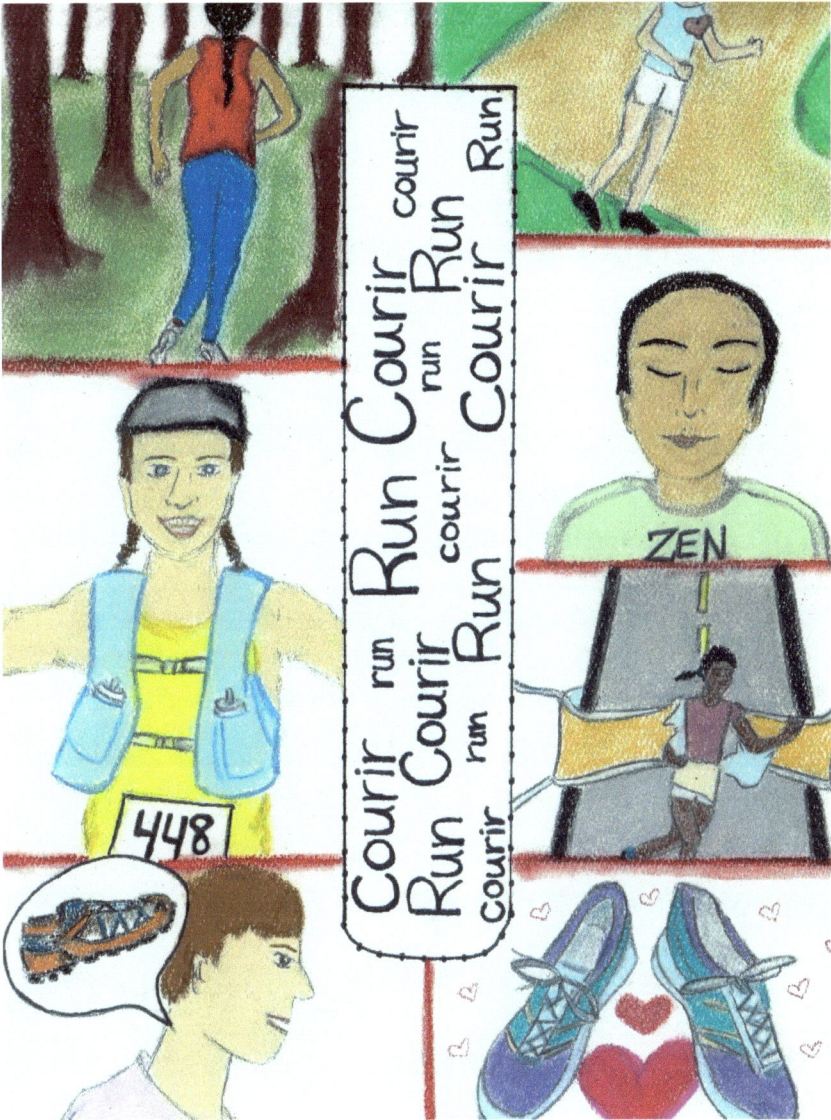

Courir peut donc apporter une grande variété de sensations (l'effet que ça te fait dans ton corps et dans ton cœur). Ça peut aussi t'apporter un sentiment d'accomplissement ou de réalisation (lorsque tu complètes quelque chose dont tu es fier).

Ça peut te permettre de te dépasser, c'est-à-dire de compléter un défi, quelque chose qui ne te semblait pas du tout facile au départ.

Ça peut parfois t'apporter une émotion de tristesse, de colère ou de déception *lorsque tu ne le vis pas comme tu aurais aimé le vivre ou que tu n'obtiens pas les résultats escomptés*.

Mais, tu sais, dans ces moments-là, si ton corps n'est pas blessé, tu peux t'en servir pour **recommencer** ou pour continuer de t'améliorer.

C'est alors une question de **persévérance**. Et la **persévérance**, j'ai l'impression que tu sais déjà que ça peut t'apporter beaucoup!

Tes objectifs

Te fixer un **objectif**, c'est décider ce que tu veux faire, ce que tu souhaites accomplir et mettre en place les étapes qui te permettront d'y parvenir. Un **objectif**, c'est un **but à atteindre**. Pour toi.

Il existe aussi des **objectifs** pour les équipes, pour les familles, pour les milieux de travail et même dans les écoles. Tu en as peut-être entendu parler.

Il est d'ailleurs possible qu'on t'ait déjà demandé, à l'école ou lors d'une activité : « As-tu atteint ton **objectif** »?

Les **objectifs** sont aussi nombreux et diversifiés que les gens : ils **pullulent**! (Ça veut dire qu'il en existe des tonnes et qu'on en invente chaque jour).

L'important, quand on se fixe un **objectif**, c'est de prendre le temps de tracer le **chemin** qui te conduira à celui-ci. C'est-à-dire d'identifier chacune des étapes nécessaires à sa réalisation.

Pour réaliser un objectif

Par exemple, je pourrais choisir de **courir** jusqu'au bout d'une rue près de chez nous. Et j'aimerais **courir** aussi vite que possible.

Pour y arriver, j'ai **identifié les étapes** :

1. Je croiserai sept poteaux placés sur le côté.
2. Il y aura une petite montée, puis deux boites aux lettres.
3. Juste après les boites aux lettres, j'arriverai au stop.
4. Et j'aurai terminé – j'aurai atteint mon objectif!

J'ai atteint mon objectif

Alors, si je souhaite atteindre mon **objectif,** eh, bien, j'irai aussi vite que mes jambes et mon cœur me le permettent. J'aurai ensuite à longer la rue, en croisant les poteaux, en montant la côte et en passant devant les boites aux lettres. Puis, j'arriverai au stop. J'aurai alors atteint mon **objectif**.

Il arrive aussi qu'un **objectif** puisse se transformer en cours de route. Ça dépend de tes capacités, de la façon dont tu te sens et de ce qui t'entoure.

Je pourrais choisir, par exemple, de m'arrêter en haut de la côte au lieu de me rendre au stop.

Pourquoi?

C'est une excellente question!

Hum, des **imprévus** se produisent parfois : une blessure, une grande fatigue ou le sentiment de ne pas être prêt à continuer. Enfin, il t'appartiendra à toi de faire les choix qui sont bons pour ton **corps**, pour ton **cœur** et pour ta **tête** aussi. Tes parents pourront aussi t'accompagner dans ces choix.

C'est un beau **travail d'équipe**!

Quoi qu'il en soit, un **objectif**, ça peut représenter un beau défi. Tu peux t'en fixer de touts petits et, en grandissant, les faire grandir avec toi.

Se fixer des objectifs, ça peut être :

rigolo,

excitant,

gratifiant (te faire sentir bien),

et

insécurisant quelques fois aussi (quand ça nous demande de découvrir, d'être courageux et d'y travailler fort).

Quand c'est...

rigolo, excitant, gratifiant ou insécurisant

Un **objectif** peut donc être utile pour la course, mais aussi pour d'autres circonstances dans ta vie.

Tes défis

Un **défi**, c'est comme un contrat pour toi-même, un engagement auquel tu tiens. C'est ce que tu peux entreprendre en te fixant des **objectifs**.

Quand tu choisis un **défi**, c'est habituellement quelque chose qui t'amène à te dépasser.

Un **défi** peut être une belle façon d'apprendre tout court. Il peut aussi contribuer à apprendre à te connaître davantage.

Un **défi** peut être simple. Il n'a pas besoin de sembler compliqué.

Lorsque ça semble compliqué, tu peux te demander :

-Est-ce que c'est le bon moment?

-Est-ce que je me sens prêt (prête)?

- Est-ce que j'ai besoin d'aide et de conseils pour y parvenir?

Un **défi,** ça peut être une belle source d'**inspiration** et de **motivation**.

Quand ça t'**inspire** : ça te montre ce que tu aimerais réussir, réaliser, atteindre.

Quand ça te **motive** : ça t'encourage à avancer.

Les **défis**, tout comme les **objectifs**, ils existent à la **course** et partout ailleurs aussi!

Défi et Objectif travaillent ensemble

Tes désirs

Tes désirs, ça aussi, ça compte! Sais-tu ce que tu aimes? Qu'est-ce que tu préfères?

Qu'est-ce que tu as vraiment envie de réaliser?

Qu'est-ce que tu aimerais découvrir? Que souhaites-tu apprendre?

On peut se poser bien d'autres questions, mais, quand on parle de désir, on parle de ce qui te donne envie de sourire, ce qui peut te passer par la tête lorsque tu te réveilles, le matin. Ce dont tu rêves aussi.

Un désir est généralement relié à ce que tu souhaites, ce que tu veux et que tu peux imaginer.

Je pense que les désirs n'ont pas vraiment de taille (petit, moyen, grand ou très grands).

Je crois qu'ils sont là et que c'est nous qui décidons quelle importance on leur accorde. On pourrait dire qu'il y en a des plus ou moins bons, mais je crois que c'est toi qui sais, au fond, ce que tu aimes et ce que tu désires vraiment.

Les désirs : petit, moyen, grand et très grand!

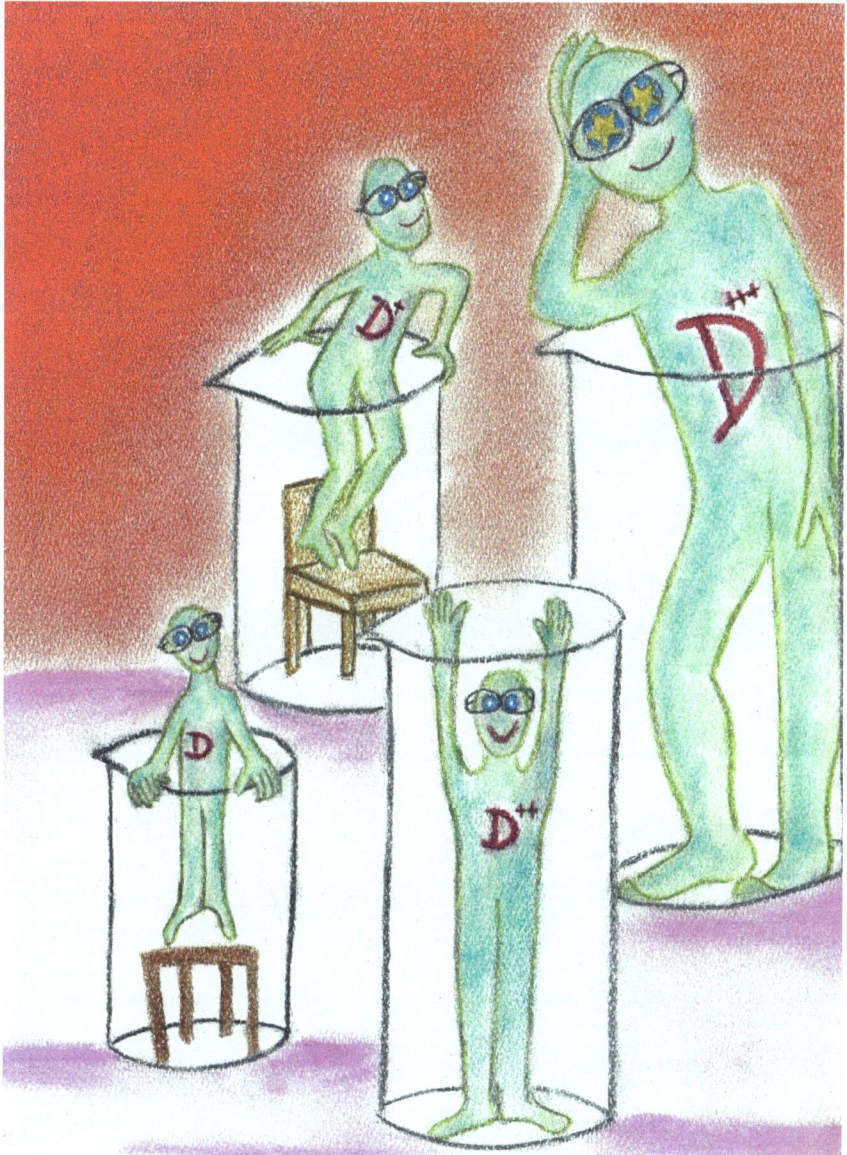

Un désir peut te motiver à te trouver des défis et donc, des objectifs. Certains désirs vivent toujours dans l'imagination alors que d'autres prennent vie dans ton quotidien.

Je crois que lorsqu'un désir prend forme, tu le reconnais. C'est comme un ami ou une amie que tu connais depuis longtemps.

Ton désir, tu sais exactement à quoi il ressemble (ou presque).

Si notre **imagination** était une voiture, le désir pourrait être le conducteur de cette voiture. Les défis et les objectifs, eux, serviraient de carburant.

Le désir qui conduit l'imagination

Quand on pratique la **course**, je dirais que c'est généralement parce qu'on en a eu envie. On peut avoir eu le **désir** d'être en santé, de prendre soin de soi, de se donner une **discipline**, de s'améliorer à la **course**, etc.

Je ne peux pas nommer tous les désirs, car, tu sais, ils sont ultra nombreux! Mais je sais que tu en as, toi aussi, des désirs!

Ton entourage-ta famille

Ta famille et ton entourage (les gens que tu connais, tes amis, les personnes que tu croises souvent) occupent une place importante. Ils sont là pour t'**aider** et de te **conseiller.**

Certains te ressemblent. D'autres sont différents. Ils peuvent te permettre d'en apprendre davantage sur ce que tu entreprends. Ils peuvent aussi te partager leur expérience.

Ça aussi, ça nourrit l'imagination. Et les désirs. Et les futurs objectifs pour entreprendre des défis!

La famille et l'entourage

Ta discipline

La **discipline**, c'est l'effort que tu mets pour entreprendre (une activité, un sport ou autre) et pour continuer de pratiquer. C'est ce qui fait que tu continues ce que tu as entrepris et que tu t'**améliores** au fil du temps.

Ça demande de la **constance** (reprendre encore et encore) et parfois beaucoup de **patience** aussi.

La **discipline**, c'est aussi prendre le temps de suivre les étapes qui te mèneront vers tes **objectifs**.

Il est possible qu'à certains moments, la **discipline**, ça te semble ennuyeux.

Par exemple, si tu **cours,** peut-être arrêteras-tu de **courir**. Ou peut-être pratiqueras-tu moins souvent cette activité.

Puis, si ça te manque, tu y reviendras.

Et si non, tu découvriras autre chose.

Et tu développeras une **discipline** pour cette autre chose aussi.

Lorsque je pense à la **discipline**, je me pose souvent cette question :

« Est-ce que ça me donne de l'**énergie** ou est-ce que ça m'épuise? »

Ça ne me permet pas de trouver une solution à tout. Ça me rappelle tout de même pourquoi j'ai choisi de faire preuve de **discipline**. Et pourquoi j'**aime** ce que je fais.

Ça me donne de l'énergie

Et après?

On en revient à « Pourquoi cours-tu »?

Il se peut que tu ne saches pas toujours quelle est la réponse. Parfois, on veut juste bouger et faire ce qu'on aime. Et c'est parfait!

Il t'appartiendra de choisir le moment où il est temps de prendre le départ,

le moment d'avancer,

le moment de prendre une pause

et aussi le moment d'arrêter.

Il se pourrait que des adultes ou des grands te guident. Ça donne un coup de pouce, de temps à autre. Mais, avant tout, c'est toi qui fera un choix.

Qu'en dis-tu?

On court?!

À propos de l'auteure

Isabelle est une artiste, une auteure, une sportive et aussi une maman à l'imagination débordante. Elle aime les défis autant qu'elle adore créer. Son grand plaisir : savourer la vie!

Isabelle Bernier

isabellebernierconnexion@gmail.com

Magog-Orford, Québec

Pourquoi cours-tu?

9 7 8 2 9 8 1 6 8 0 9 4 5